I0158962

# Prenez cinq minutes
# **La puissance de la prière**

## David Ramiah

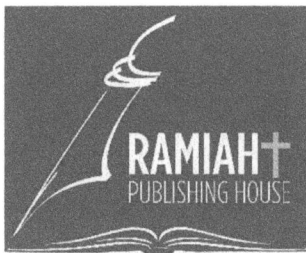

**Ramiah Publishing House**
Toronto, Canada

Prenez cinq minutes. La puissance de la prière
Copyright © 2017 par David Ramiah
Toronto, Canada

Édité par Mme Joy Hallwood
Couverture et mise en page:

Traduit de l'anglais par Mbambi Puna

Ramiah Publishing House
« *Des paroles pleines de charme bouillonnent dans mon cœur. Je dis: Mon œuvre est pour le roi! Que ma langue soit comme la plume d'un habile écrivain!* » Psaume 45:1

Publié au Canada
ISBN 978-0-9959385-2-6

Imprimé au Canada
10/25/2017 –

Cinq minutes vont briser les chaînes et les entraves de Satan dans votre vie et dans la vie de vos proches!

Cinq minutes peuvent faire en sorte que vos proches soient sauvés.

Cinq minutes peuvent faire de vous la personne la plus heureuse en vie.

Cinq minutes peuvent amener le ciel sur terre dans votre vie.

Cinq minutes peuvent faire en sorte que vos rêves divins deviennent réalité.

Cinq minutes peuvent vous apporter tout ce dont vous avez toujours eu besoin de la part Dieu.


## Pour le combattant spirituel:

Ce livre de prières améliorera et renforcera encore davantage votre vie de prière. Soutenu par les écritures et des déclarations puissantes, vous verrez votre vie se transformer plus vite et les résultats de vos prières se manifester de manière intense. Continuez à gagner! Vous avez la victoire.

« Si mon peuple sur qui est invoqué mon nom s'humilie, prie, et cherche ma face, et s'il se détourne de ses mauvaises voies, je l'exaucerai des cieux, je lui pardonnerai son péché, et je guérirai son pays. » 2 Chroniques 7:14

« Invoque-moi, et je te répondrai ; Je t'annoncerai de grandes choses, des choses cachées, que tu ne connais pas. » Jérémie 33:3

« Avant qu'ils m'invoquent, je répondrai ; avant qu'ils aient cessé de parler, j'exaucerai. » Ésaïe 65:24

« Et tout ce que vous demanderez en mon nom, je le ferai, afin que le Père soit glorifié dans le Fils. Si vous demandez quelque chose en mon nom, je le ferai. » Jean 14:13-14

« Jusqu'à présent vous n'avez rien demandé en mon nom. Demandez, et vous recevrez, afin que votre joie soit parfaite. » Jean 16:24

## Tendre Dieu le Père,

J'accepte Jésus-Christ comme mon Seigneur et mon Sauveur. Je te demande de me pardonner pour tous les péchés que j'ai commis, lave moi avec le sang de Jésus-Christ et purifie moi. Remplis moi de ton Saint-Esprit et que je sois né de nouveau.

Je déclare que Jésus-Christ est mon Seigneur, mon Sauveur et mon Dieu. Le sang de Jésus-Christ me couvre et a le pouvoir sur moi. Au nom de Jésus-Christ, Amen.

# UN CHANGEMENT RÉEL ET VÉRITABLE

La prière change les situations. Si vous voulez voir un changement réel et véritable dans votre vie, vous devez prier Dieu le Père au nom de Jésus-Christ. La prière fait la différence.

Peut-être, vous êtes comme la plupart des gens aujourd'hui qui sont si occupés avec la vie que vous ne prenez pas le temps de prier. Vous avez du mal à disposer d'un moment précis pour communiquer avec Dieu, d'une manière productive.

« Prenez cinq minutes» vous aidera. Il a été écrit pour vous.

Le fait de prier pendant de courtes périodes tout au long de la journée vous aidera à développer et à améliorer votre vie de prière. Vous obtiendrez des résultats tangibles dans un court laps de temps. Et finalement, vous constaterez que vous priez de plus en plus, dans la foi et avec de meilleurs résultats.

Il y a des prières suggérées pour l'heure du petit-déjeuner, du déjeuner, du dîner et avant d'aller au lit. Et quatre déclarations que vous devez faire. Ne les lisez pas seulement. Il y a du pouvoir dans vos mots. Proverbes 18:21

Rappelez-vous que vous n'êtes pas tenu d'avoir les yeux fermés chaque fois que vous priez. Fermez-vous les yeux lorsque vous parlez avec votre meilleur ami? Fermez-vous les yeux lorsque vous parlez avec votre père?

Dieu est à la fois votre meilleur ami et votre Père. Par conséquent, n'ayez pas peur d'ouvrir les yeux lorsque vous lui parlez. Et prier c'est tout simplement communiquer avec le Seigneur; exprimer votre adoration, votre amour, vos actions de grâces, vos besoins et vos désirs. Alors prenez cinq minutes, et parlez avec votre Père.

# Pourquoi prendre une pause?

Au fil des années, j'ai remarqué que les réunions de prière disparaissaient des églises; que seulement 5 % des gens se présentaient à des réunions de prière.

En novembre 2016, j'étais en prière. Le souci de voir les réunions de prière reprendre dans les églises et dans la vie des chrétiens pesait dans mon cœur. « Seigneur, comment pouvons-nous amener les gens à prier? »

Après plus ou moins une vingtaine de minutes, le Seigneur m'a répondu « Prendre une pause ».

Il a attiré mon attention. J'ai immédiatement compris ce qu'Il voulait dire. Vous savez, en Amérique du Nord, l'expression «Take five» signifie prendre une pause. Le Seigneur a continué à me parler en disant: «Les gens n'ont pas besoin de réserver une certaine heure de leur horaire déjà chargé pour vaquer à la prière. Ils peuvent prier pendant un laps de temps plusieurs fois tout au long de la journée».

Encore une fois, j'ai compris ce que le Seigneur voulait dire. Ce n'est pas que nous ne devrions pas avoir des moments de prière spécifiques, mais puisque la majorité des gens sont occupés à travailler, à élever des enfants et à payer leurs factures et leurs hypothèques, ce qu'ils peuvent faire c'est avoir plusieurs moments de prière tout au long de la journée.

Dieu a continué en disant : "Mais ces mêmes gens, quand ils viennent pour prier, ils ne savent pas quoi dire. Donne-leur quelques directives."

Avec des instructions précises de la part du Seigneur, j'ai commencé à assembler ce livre de prières, en m'appuyant pleinement sur l'aide du Saint-Esprit. Avec la pensée que quatre prières spécifiques qui pourraient être étendues personnellement répondraient à l'exigence, j'ai commencé par une prière matinale. Lorsque j'ai terminé la première prière, le Saint-Esprit m'a poussé à écrire une déclaration, professant des vérités bibliques qui seraient très personnelles et auraient un impact sur la vie d'une personne, de sa famille et de son Église. Cela a abouti à quatre prières et à des déclarations qui ont été inspirées par le Saint-Esprit et qui changent des vies en ce moment même.

Ma prière pour vous est que vous lisiez chaque jour «Prenez cinq minutes. La puissance de la prière» et que vous passiez des temps de prières. Ne vous limitez pas à ce qui est écrit dans ce livre, mais ajoutez vos propres mots à vos prières selon les Écritures - les promesses de Dieu - et invoquez le Seigneur au nom de Jésus. Vous verrez des changements et des résultats merveilleux dans votre vie comme beaucoup sont en train de le vivre actuellement. Que Dieu vous bénisse.

Pasteur David Ramiah

«Pendant que j'étais en voyage à Jérusalem, ma sœur est morte et personne ne me l'a annoncé, jusqu'à mon retour à la maison. Pendant six mois, je ne suis pas allé à l'église, je n'ai pas lu la Bible et je ne pouvais pas prier. Je passais de mon lit à la table à manger, puis je regagnais mon lit. Un beau jour, mon gendre m'a donné une copie de «Prenez cinq minutes. La puissance de la prière». En peu de temps, j'ai recommencé à prier et à lire la Bible. Gloire soit rendue à Dieu, j'utilise ce livre de prières tous les jours.

Norma Pinnock

« Je prends cette décision aujourd'hui,
**Je ne vivrai pas dans la peur!**
Je choisis de croire en Dieu et de lui faire confiance.
Que tout ce que Dieu permet d'arriver, advienne. »

« Nous savons, du reste, que toutes choses concourent au bien de ceux qui aiment Dieu, de ceux qui sont appelés selon son dessein. » Romains 8:28

« Ne crains rien, car je suis avec toi ; ne promène pas des regards inquiets, car je suis ton Dieu ; Je te fortifie, je viens à ton secours, Je te soutiens de ma droite triomphante. » Ésaïe 41:10

« L'Éternel est pour moi, je ne crains rien : Que peuvent me faire des hommes ? » Psaume 118:6

« Car ce n'est pas un esprit de timidité que Dieu nous a donné, mais un esprit de force, d'amour et de sagesse. » 2 Timothée 1:7

« Ne craignez donc point : vous valez plus que beaucoup de passereaux. » Matthew 10:31

« Toute arme forgée contre toi sera sans effet ; Et toute langue qui s'élèvera en justice contre toi, tu la condamneras. Tel est l'héritage des serviteurs de l'Éternel, tel est le salut qui leur viendra de moi, dit l'Éternel. » Ésaïe 54:17

« Change ta façon de penser et tu changeras ta vie. »

# PRIÈRE À L'HEURE DU PETIT-DÉJEUNER:

**Tendre Dieu le Père,**

1. Oints-moi aujourd'hui pour les tâches que vous me confiez, selon Actes 10 :38 « vous savez comment Dieu a oint du Saint Esprit et de force Jésus de Nazareth, qui allait de lieu en lieu faisant du bien et guérissant tous ceux qui étaient sous l'empire du diable, car Dieu était avec lui » et 2 Corinthiens 1:21 « Et celui qui nous affermit avec vous en Christ, et qui nous a oints, c'est Dieu ».

2. Fais de moi ce que tu veux que je sois, selon Éphésiens 2:10 « Car nous sommes son ouvrage, ayant été créés en Jésus Christ pour de bonnes œuvres, que Dieu a préparées d'avance, afin que nous les pratiquions », Job 10:8 « Tes mains m'ont formé, elles m'ont créé, Elles m'ont fait tout entier... Et tu me détruirais ! » et Psaume 33:15 «Lui qui forme leur cœur à tous, Qui est attentif à toutes leurs actions».

3. Façonnes-moi pour accomplir ta volonté et ce que tu trouves bon, selon Philippiens 2:13 « car c'est Dieu qui produit en vous le vouloir et le faire, selon son bon plaisir », Psaume 18 :32 (33) « C'est Dieu qui me ceint de force, Et qui me conduit dans la voie droite » et Romans 8:28 «Nous savons, du reste, que toutes choses concourent au bien de ceux qui aiment Dieu, de ceux qui sont appelés selon son dessein».

4. Donne-moi l'amour, la grâce, la puissance et la force dont j'ai besoin pour ce jour, selon Psaume 27:1, « L'Éternel est ma lumière et mon salut : De qui aurais-je crainte ? L'Éternel est

le soutien de ma vie : De qui aurais-je peur ? » et Philippiens 4:13, «Je puis tout par celui qui me fortifie ».

5. Couvre-moi ainsi que tout ce qui est à moi avec le sang de Jésus-Christ, y compris les membres de ma famille. Fais de moi un témoignage auprès des autres selon Apocalypse 12:11 « Ils l'ont vaincu à cause du sang de l'agneau et à cause de la parole de leur témoignage, et ils n'ont pas aimé leur vie jusqu'à craindre la mort. » et Actes 1: 8, « Mais vous recevrez une puissance, le Saint Esprit survenant sur vous, et vous serez mes témoins à Jérusalem, dans toute la Judée, dans la Samarie, et jusqu'aux extrémités de la terre».

Notre Père qui es aux cieux,
Que ton nom soit sanctifié.
Que ton règne vienne.
Que ta volonté soit faite sur la terre comme au ciel.
Donne-nous aujourd'hui notre pain quotidien ;
Pardonne-nous nos offenses,
Comme nous aussi nous pardonnons à ceux qui nous ont offensés ;
Ne nous induis pas en tentation, mais délivre-nous du malin.
Car c'est à toi qu'appartiennent, dans tous les siècles,
le règne, la puissance et la gloire. Amen !

« La Parole de Dieu est un miroir. Si vous y plongez votre regard assez longtemps, vous vous y retrouverez »

# PRIER COMME SUIT:

Mon Seigneur et mon Dieu, oins-moi pour ce que tu vas faire à travers moi aujourd'hui; oins mes yeux, mes oreilles, ma bouche, mon cerveau, mon cœur, mon esprit, mes mains et mes pieds. Oins ma vue et mon ouïe, mes pensées et mes paroles, mon départ et mon arrivée. Remplis mon âme de foi, d'amour et de puissance, de courage, de hardiesse, de la crainte de Dieu, de détermination et de persévérance. Que les choses que je désire soient tiennes, et que ce que je veux soit ce que tu veux. Que la pensée de Christ gouverne ma pensée, et que le Seigneur Jésus-Christ gouverne ma vie.

Je suis l'ouvrage de tes mains, ô Dieu. Fais de moi ce que tu veux que je sois. Modèle-moi et façonne-moi. Remplis-moi de plus en plus de ton Esprit et de ta puissance, de ta connaissance et de ta sagesse, de ton caractère et de tes désirs. Je veux penser, parler et agir tous les jours plus comme Jésus.

Seigneur, tu demeures en moi. Agis et accomplis ta volonté, ton projet et ton but pour ma vie. Je m'abandonne à toi. Aime à travers moi, pardonne à travers moi, pense, parle et agis à travers moi. Donne-moi la force dont j'ai besoin. Fais que ta puissance coule à travers moi et que je sois la lumière et le sel de la terre.

Mets en moi un esprit «entreprenant» qui me fait agir et progresser rapidement dans la vie. Fais-moi réussir et progresser. Aies ton regard sur moi, guide-moi, conduis-moi et instruis-moi. Je te suivrai. Permets-moi d'entendre ta voix et de suivre tes directives. Prends-moi par la main et mène-moi sur le chemin de la droiture, de la faveur et de la bénédiction. Et accorde-moi la faveur divine, aimante, gentille, durable, royale, la faveur tout autour de moi et toujours. Éclaire mon chemin devant moi, ô Seigneur. Rends ma marche douce et facile. Je demande tout cela au nom de Jésus-Christ. Amen.

# POUR CHANGER MA VIE, *UNE PAROLE À LA FOIS*.

« La mort et la vie sont au pouvoir de la langue; Quiconque l'aime en mangera les fruits. » Proverbes 18:21

« Ils l'ont vaincu à cause du sang de l'agneau et à cause de la parole de leur témoignage, et ils n'ont pas aimé leur vie jusqu'à craindre la mort. » Apocalypse 12:11

« Je vous le dis en vérité, si quelqu'un dit à cette montagne : Ôte-toi de là et jette-toi dans la mer, et s'il ne doute point en son cœur, mais croit que ce qu'il dit arrive, il le verra s'accomplir. » Marc 11:23

1. Je suis un enfant du Dieu Très Haut. Dieu est mon père. Il m'aime. Son amour ne faillit jamais. Son amour dépasse tout entendement. Il m'accorde ses faveurs. Sa grâce abonde. Il me couvre avec ses ailes.
2. Je suis un héritier de Dieu et cohéritier avec Jésus-Christ, donc tout ce qui appartient à Dieu m'appartient. Dieu a donné à ses anges des responsabilités sur moi. Il a des anges de service qui répondent à mes besoins.
3. Tous mes besoins sont donc satisfaits. Les anges me protègent et le sang de Jésus-Christ me couvre.
4. Dieu est de mon côté. Il pense à moi. Il n'a que de bonnes choses à l'esprit pour ma vie. Il souhaite que je prospère et que je sois en bonne santé. Il m'enseigne à prospérer et à croitre. Par conséquent, je crois et je prospère, et j'ai une santé parfaite.
5. Je vis sous l'ombre du dieu tout-puissant. Je vis en sa présence. Par conséquent, je suis en sécurité car il me garde.
6. Toute arme forgée contre moi sera sans effet, et tout plan de l'ennemi contre ma vie est détruit. Le Seigneur me donne la victoire et me conduit en triomphe.
7. Dieu m'a donné une vie abondante. Il a ouvert les écluses du ciel et a versé sa bénédiction sur moi. Il réprimande le voleur

pour mon bien et l'empêche de me voler. Dieu défait mes ennemis.

8. Je suis guéri par les meurtrissures de Jésus-Christ. Le sang de Jésus-Christ qui a été versé pour moi est contre toute maladie et infirmité qui ont transgressé mon corps. Par conséquent, j'ordonne à toutes les maladies et toutes les infirmités qui ont envahi mon corps de quitter maintenant au nom de Jésus-Christ.

9. Dieu fait concourir toutes choses à mon bien, donc je déclare que tout va bien avec mon corps, ma vie, ma maison, ma famille, mon église et tout ce qui concerne ma vie.

10. Quant à moi et à ma maison, nous servirons le Seigneur, j'ordonne donc à tout esprit diabolique de retirer ses mains sur les membres de ma famille au nom de Jésus-Christ. Je déclare que les membres de ma famille sont libres d'entrer dans le Royaume de Dieu en ce moment. Seigneur Jésus, attire-les par ton Saint-Esprit, et envoies tes anges de service pour les prendre par la main et amener chacun d'entre eux dans ton royaume. Sauve-les, Seigneur!

11. Les richesses du pécheur sont en réserve pour le juste. Puisque Dieu m'a rendu juste en Christ, que les richesses du pécheur qui me sont réservées soient maintenant entre mes mains. Merci Seigneur pour de nouvelles sommes d'argent. J'ai ainsi prié au nom de Jésus. Amen.

« L'homme de bien a pour héritiers les enfants de ses enfants, Mais les richesses du pécheur sont réservées pour le juste. » Proverbes 13:22

A. Je dirai comme Michée : « Ne te réjouis pas à mon sujet, mon ennemie ! Car si je suis tombée, je me relèverai ; Si je suis assise dans les ténèbres, L'Éternel sera ma lumière. »

« Ne te réjouis pas à mon sujet, mon ennemie ! Car si je suis tombée, je me relèverai ; Si je suis assise dans les ténèbres, L'Éternel sera ma lumière. » Michée 7 :8

# PRIÈRE À L'HEURE DU DEJEUNER:

1. Je te rends grâce, Seigneur, de ce que tu m'as béni, tu m'as délivré, tu m'as accordé la grâce et tu m'as entouré comme un bouclier, selon Psaume 3: 8: « Le salut est auprès de l'Éternel : Que ta bénédiction soit sur ton peuple ! », Psaume 21: 3, « Car tu l'as prévenu par les bénédictions de ta grâce, tu as mis sur sa tête une couronne d'or pur » et Psaume 5:12, « Car tu bénis le juste, ô Éternel ! Tu l'entoures de ta grâce comme d'un bouclier. »

2. Manifeste ta bénédiction dans ma vie aujourd'hui; ta disposition, ta protection et tes réponses à mes prières, selon Esaïe 65:24: «Avant qu'ils m'invoquent, je répondrai ; Avant qu'ils aient cessé de parler, j'exaucerai », Jérémie 33: 3, « Invoque-moi, et je te répondrai ; je t'annoncerai de grandes choses, des choses cachées, que tu ne connais pas », et Ésaïe 54: 13- 14: « Tous tes fils seront disciples de l'Éternel, et grande sera la postérité de tes fils. Tu seras affermie par la justice ; bannis l'inquiétude, car tu n'as rien à craindre, et la frayeur, car elle n'approchera pas de toi. »

3. Bénis-moi et fais de moi une bénédiction, selon Genèse 12: 2-3 : « Je ferai de toi une grande nation, et je te bénirai ; je rendrai ton nom grand, et tu seras une source de bénédiction. Je bénirai ceux qui te béniront, et je maudirai ceux qui te maudiront... »

4. Aide-moi à gagner des âmes pour toi. Proverbes 11:30: «Le fruit du juste est un arbre de vie, Et le sage s'empare des âmes » et Marc 16:15, « Puis il leur dit : Allez par tout le monde, et prêchez la bonne nouvelle à toute la création. »

# LA PUISSANCE DE MES PAROLES

« De même, la langue est un petit membre, et elle se vante de grandes choses. Voici, comme un petit feu peut embraser une grande forêt. La langue aussi est un feu ; c'est le monde de l'iniquité. La langue est placée parmi nos membres, souillant tout le corps, et enflammant le cours de la vie, étant elle-même enflammée par la géhenne. » Jacques 3:5 – 6

Ma langue est enflammée par le Saint-Esprit. Ce feu se répand parmi mes membres et imprègne tout mon corps et mon âme de la justice, de la vie sainte et de l'amour de Dieu. Et cela accorde à toute ma vie le feu du Saint-Esprit, la puissance miraculeuse de Dieu, les vertus curatives de Jésus-Christ et la présence permanente de Dieu notre Père.

Elle est remplie de paroles de Dieu qui sont plus tranchantes que toute épée à deux tranchants. Et ces paroles ointes par Dieu sur ma langue, sortent pour produire et me donner la vie en abondance sur cette terre. Que je prospère et aie beaucoup de succès partout où je vais. L'ennemi ne peut pas me surpasser. Le Seigneur mon Dieu fait en sorte que j'aie toujours la victoire et le triomphe. Il fait que mes pieds soient stables et forts et marchent en permanence sur la voie droite et étroite. Il me donne de la force et me trace une voie droite.

Je déclarerai toujours que Dieu m'a rendu juste en Jésus-Christ. Je suis assis à sa droite en Jésus-Christ, qui intercède continuellement pour moi. Je ne perds jamais. Je gagne toujours. Je suis un roi, un sacrificateur et un ambassadeur du Christ. Jésus-Christ mon Seigneur a vaincu le monde et je le fais aussi. Puisqu'il est pour moi qui peut être contre moi. Il combat pour moi. Le sang de Jésus-Christ me couvre et a le pouvoir sur moi.

# PRIÈRE À L'HEURE DU SOUPER:

1. Merci Seigneur pour l'accomplissement de ta volonté, de ton projet et de ton but dans ma vie aujourd'hui, selon Philippiens 2:13, « car c'est Dieu qui produit en vous le vouloir et le faire, selon son bon plaisir. »

2. Merci pour ta protection, selon le Psaume 91: «Celui qui demeure sous l'abri du Très-Haut repose à l'ombre du Tout-Puissant. Je dis à l'Éternel : Tu es mon refuge et ma forteresse; mon Dieu en qui je me confie ...», Psaume 18: 3: « Je m'écrie : Loué soit l'Éternel ! Et je suis délivré de mes ennemis », et Psaume 139: 5-6, « Tu m'entoures par-derrière et par-devant, et tu mets ta main sur moi. Une science aussi merveilleuse est au-dessus de ma portée, Elle est trop élevée pour que je puisse la saisir. »

3. Merci pour le salut de mes bien-aimés, selon Josué 24:15, « ...Moi et ma maison, nous servirons l'Éternel », Actes 16:33-34, « Il les prit avec lui, à cette heure même de la nuit, il lava leurs plaies, et aussitôt il fut baptisé, lui et tous les siens. Les ayant conduits dans son logement, il leur servit à manger, et il se réjouit avec toute sa famille de ce qu'il avait cru en Dieu» et Esaïe 54:13, « Tous tes fils seront disciples de l'Éternel et grande sera la postérité de tes fils. Tu seras affermie par la justice; bannis l'inquiétude car tu n'as rien à craindre, et la frayeur car elle ne s'approchera pas de toi. »

4. Merci pour ma famille, selon Psaume 127:3-5, « Voici, des fils sont un héritage de l'Éternel, Le fruit des entrailles est une récompense. Comme les flèches dans la main d'un guerrier, Ainsi sont les fils de la jeunesse. Heureux l'homme qui en a

rempli son carquois ! Il n'aura pas honte lorsqu'il parlera avec des ennemis à la porte », et Ésaïe 49:24-25, « Le butin du puissant lui sera-t-il enlevé ? Et la capture faite sur le juste échappera-t-elle ? Oui, dit l'Éternel, la capture du puissant lui sera enlevée, et le butin du tyran lui échappera ; Je combattrai tes ennemis et je sauverai tes fils. »

5.  Merci pour mon Pasteur et mes dirigeants, ainsi que pour chaque membre de l'église, selon Hébreux 13:7-8, « Souvenez-vous de vos conducteurs qui vous ont annoncé la parole de Dieu ; considérez quelle a été la fin de leur vie, et imitez leur foi. Jésus Christ est le même hier, aujourd'hui, et éternellement » et Romains 12:4-5, « Car, comme nous avons plusieurs membres dans un seul corps, et que tous les membres n'ont pas la même fonction, ainsi, nous qui sommes plusieurs, nous formons un seul corps en Christ, et nous sommes tous membres les uns des autres. »

A.  Psaume 18: 3 « Je m'écrie : Loué soit l'Éternel ! Et je suis délivré de mes ennemis. »
B.  Psaume 119:18, « Ouvre mes yeux pour que je contemple les merveilles de ta loi ! »

# MA CONFESSION DE FOI

Dieu le Père, je te rends grâces du fait que je suis une semence d'Abraham et héritier de ses bénédictions, selon Galates 3: 13-18 et le verset 29. Je crois que l'alliance que tu as conclue avec Abraham et qui est une alliance de croissance, fonctionne dans ma vie en ce moment.

1. Merci Seigneur pour le don d'un esprit de sagesse et de révélation dans la connaissance de Jésus-Christ mon Seigneur, qui illumine les yeux de mon cœur, qui me fait savoir quelle est l'espérance attachée à ton appel, la richesse de la gloire de ton héritage que tu me réserves et quelle est envers moi la grandeur de ta puissance, qui est la même puissance qui a ressuscité le Christ des morts et l'a fait asseoir à ta droite dans les lieux célestes. Éphésiens 1: 17-21

2. pour l'onction qui me permet d'obtenir des richesses selon Deutéronome 8:18, onction qui est sur moi et fonctionnant dans ma vie;

3. pour l'onction qui m'enrichit et ne fait suivre d'aucun chagrin, selon Proverbes 10:22, onction qui est sur moi et fonctionnant dans ma vie;

4. pour l'onction qui donne une santé parfaite et le bien-être, selon Ésaïe 53: 4, 5 et 3 Jean 2, onction qui est sur moi et fonctionnant dans ma vie;

5. pour l'onction qui fait plus qu'assez et infiniment au-delà, selon Éphésiens 3:20, et Jean 10:10, onction qui est sur moi et fonctionnant dans ma vie;

6. pour l'onction du salut de la maison selon Josué 24:15, Actes 16:34; et Actes 18: 8, onction qui est sur moi et fonctionnant dans ma vie ;

# PRIÈRE À L'HEURE DU COUCHER:

1. Tendre Dieu le Père, tu as agi à travers moi aujourd'hui par l'Esprit Saint. Tu as accompli ta volonté pour ma vie. Tu m'as béni et tu as fait de moi une bénédiction, tu m'as protégé, tu m'as préservé et tu as pourvu à mes besoins. Je te rends grâce, selon Éphésiens 5:20 : « Rendez continuellement grâces pour toutes choses à Dieu le Père, au nom de notre Seigneur Jésus Christ », et 1 Thessaloniciens 5:18: « Rendez grâces en toutes choses, car c'est à votre égard la volonté de Dieu en Jésus Christ. »

2. Merci, Seigneur, de ce que tu as rendu toutes choses bonnes dans ma vie, aujourd'hui. Et tu fais toutes choses bonnes pour moi selon Romains 8:28 : « Nous savons, du reste, que toutes choses concourent au bien de ceux qui aiment Dieu, de ceux qui sont appelés selon son dessein », 2 Samuel 22:33 : «C'est Dieu qui est ma puissante forteresse, et qui me conduit dans la voie droite», et Psaume 5: 8: «Éternel ! conduis-moi dans ta justice, à cause de mes ennemis, Aplanis ta voie sous mes pas » et

Psaume 18:32 : «C'est Dieu qui me donne de la force et qui me trace une voie droite. » (Segond 21)

# DIEU S'ATTEND À MA CROISSANCE.

« C'est la bénédiction de l'Éternel qui enrichit, et il ne la fait suivre d'aucun chagrin. » Proverbes 10:22

« Ainsi parle l'Éternel, ton rédempteur, le Saint d'Israël : Moi, l'Éternel, ton Dieu, je t'instruis pour ton bien, Je te conduis dans la voie que tu dois suivre. » Ésaïe 48:17

« Celui qui fournit de la semence au semeur, et du pain pour sa nourriture, vous fournira et vous multipliera la semence, et il augmentera les fruits de votre justice. » 2 Corinthiens 9:10

« J'ai planté, Apollos a arrosé, mais Dieu a fait croître, en sorte que ce n'est pas celui qui plante qui est quelque chose, ni celui qui arrose, mais Dieu qui fait croître. » 1 Corinthiens 3:6-7

« L'Éternel aussi accordera le bonheur, et notre terre donnera ses fruits. » Psaume 85:12

« L'Éternel vous multipliera ses faveurs, à vous et à vos enfants. » Psaume 115:14

« J'ai une alliance avec le Dieu Tout-puissant. C'est une alliance de croissance. Et Dieu n'a aucun problème avec le niveau de ma croissance tant que je lui en reconnais le mérite. » Jerry Savelle

# Mon âme, bénis l'Éternel.

Mon âme, bénis l'Éternel !
Que tout ce qui est en moi bénisse son saint nom !
Mon âme, bénis l'Éternel,
Et n'oublie aucun de ses bienfaits !
C'est lui qui pardonne toutes tes iniquités,
Qui guérit toutes tes maladies ;
C'est lui qui délivre ta vie de la fosse
Qui te couronne de bonté et de miséricorde
C'est lui qui rassasie de biens ta vieillesse,
Qui te fait rajeunir comme l'aigle. Psaume 103:1-5

David a ordonné à son âme, et à tout ce qui était en lui de bénir l'Éternel. Quels avantages croyez-vous que vous recevriez si vous deviez faire la même chose? Et si vous deviez ordonner à votre âme de bénir l'Éternel et ensuite à tout ce qui est en vous, mais individuellement? De la manière suivante:

Bénis le Seigneur Jésus-Christ, ô mon âme. Bénis le Seigneur Jésus-Christ ô mon corps; bénissez le Seigneur Jésus-Christ, ô mon cerveau, mes yeux, mes oreilles, ma bouche, mon esprit, mes mains et mes pieds. Bénissez le Seigneur Jésus-Christ, ô mon sang et mes vaisseaux sanguins. Bénissez le Seigneur Jésus-Christ, ô mes os et ma moelle osseuse, mes tissus et les tendons ainsi que toutes les cellules de mon corps. Bénissez le Seigneur Jésus-Christ, ô mon cœur, mes poumons, mes reins, ma vessie, ma vésicule biliaire, mon foie, ma langue, mes intestins, ma rate, mon pancréas, mon appendice ... etc.

Eh bien, essayez de le faire et voyez ce qui arrivera. Vous n'avez rien à perdre, mais tout à gagner.

Le Rév. David Ramiah, est né en Guyane, Amérique du Sud, et a déménagé au Canada le deuxième jour du mois de novembre de l'année 1982.

Il réside actuellement à Toronto et est le président fondateur de « Christ Exalted Ministries » et de « Mighty Man of Valor International », fondateur de « Courageous Woman of Virtue », et membre du conseil exécutif de « Canadian Christian Ministers Federation ». Il est aussi le pasteur de la congrégation « Christ Exalted Ministries ».

Le pasteur Ramiah est auteur de plusieurs livres, conférencier, enseignant et prédicateur inspirant. Il est également missionnaire au Brésil où il a servi pendant trois années consécutives, effectuant des voyages entre Toronto au Canada et le Brésil chaque année. Il organise des séminaires qui changent des vies, prêche dans diverses églises et effectue des voyages au besoin.

NOUS AIMERIONS AVOIR DE VOS NOUVELLES!

Faites-nous savoir ce que le Seigneur Jésus-Christ a accompli dans votre vie à travers cette brochure «Prenez cinq minutes. La puissance de la prière ». Nous voulons recueillir vos témoignages. Nous sommes encouragés et bénis lorsque nous entendons vos récits sur la manière dont Dieu a agi dans votre vie. Écrivez-nous à :

Christ Exalted Ministries
22-90 Signet Drive,
Toronto, Ontario,
M9L 1T5

Envoyez-nous un courriel à : mail@christexaltedministries.com

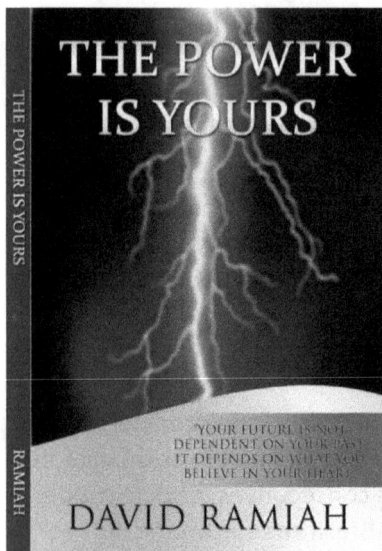

THE POWER IS YOURS

THE POWER IS YOURS

'YOUR FUTURE IS NOT
DEPENDENT ON YOUR PAST
IT DEPENDS ON WHAT YOU
BELIEVE IN YOUR HEART'

RAMIAH

DAVID RAMIAH

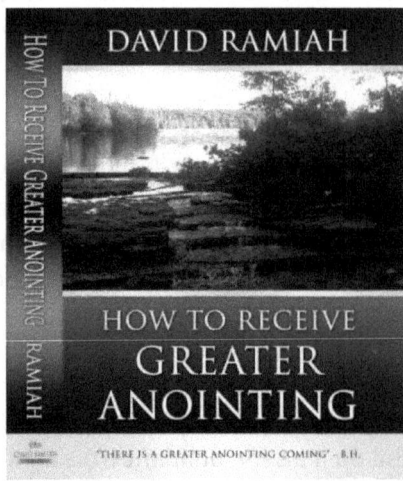

DAVID RAMIAH

HOW TO RECEIVE GREATER ANOINTING

RAMIAH

HOW TO RECEIVE
GREATER
ANOINTING

'THERE IS A GREATER ANOINTING COMING' - B.H.

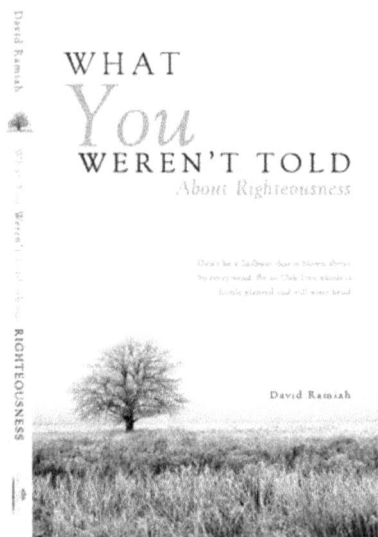

David Ramiah

WHAT
You
WEREN'T TOLD
About Righteousness

RIGHTEOUSNESS

David Ramiah

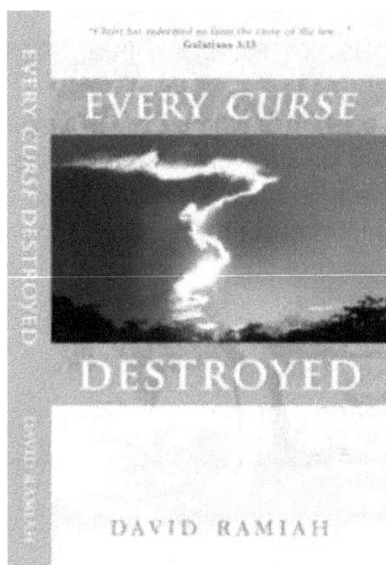

'Christ has redeemed us from the curse of the law . . .'
Galatians 3:13

EVERY CURSE

EVERY CURSE DESTROYED

DESTROYED

DAVID RAMIAH

DAVID RAMIAH

www.ingramcontent.com/pod-product-compliance
Lightning Source LLC
Chambersburg PA
CBHW060607030426
42337CB00019B/3658